001

002

PLATE 1

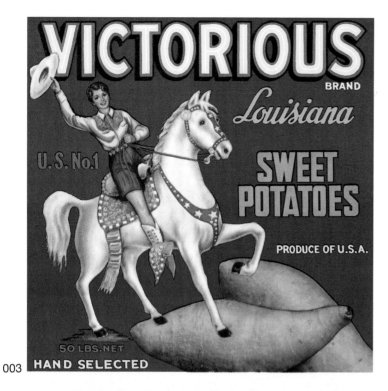

003

004

005

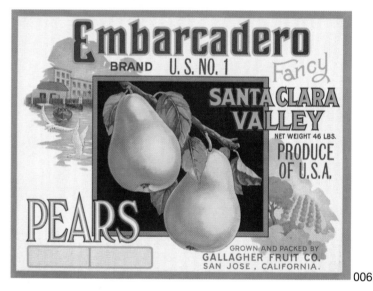

006

007

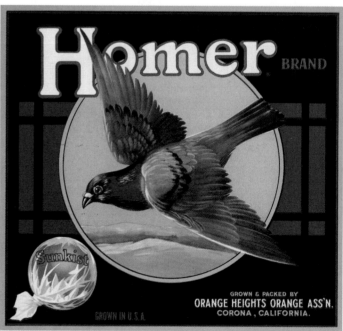

008

PLATE 2

009

010

PLATE 3

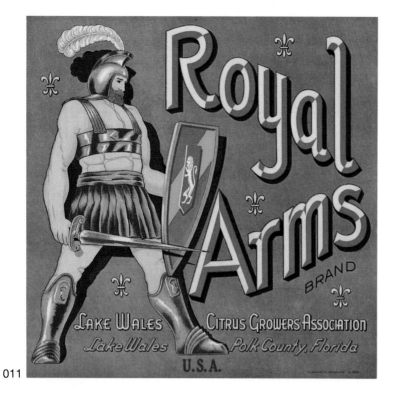

011

012

013

014

015

016

PLATE 4

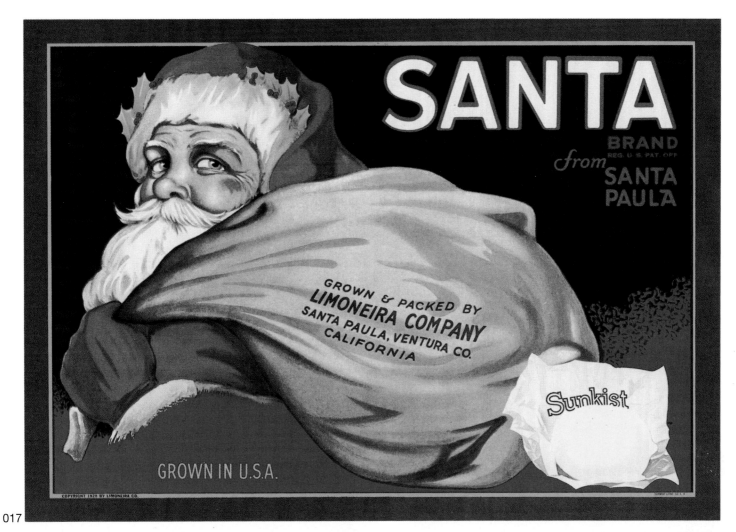

017

018

019

PLATE 5

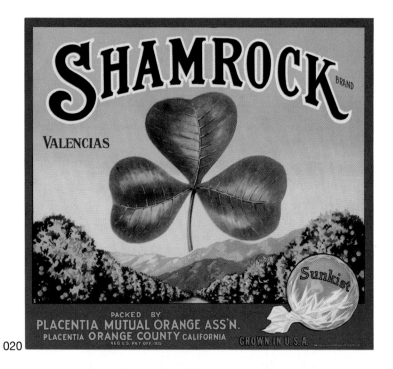

020

021

022

023

024

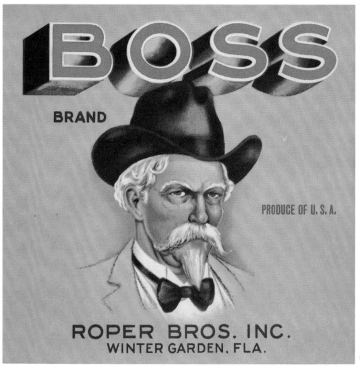

025

PLATE 6

026

027

PLATE 7

028

029

030

031

032

PLATE 8

033

034

PLATE 9

035

036

037

038

039

040

PLATE 10

041

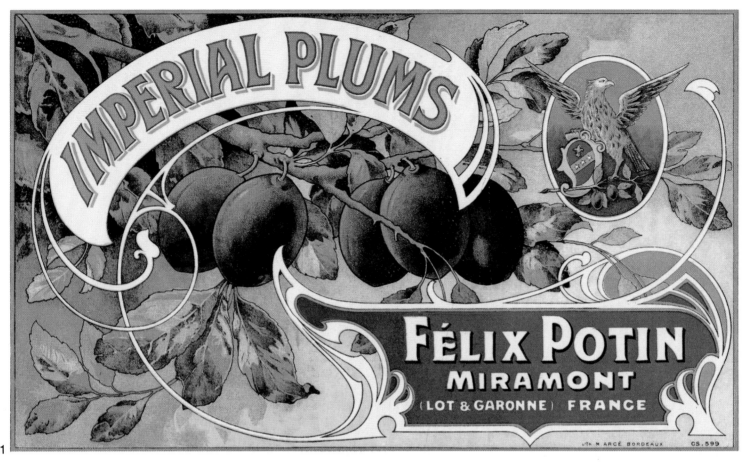

042

PLATE 11

043

044

045

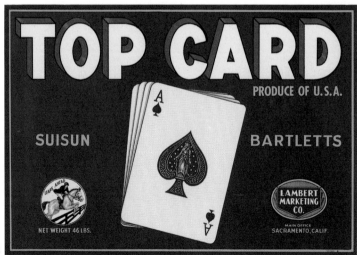

046

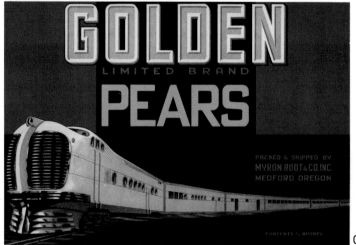

047

PLATE 12

048

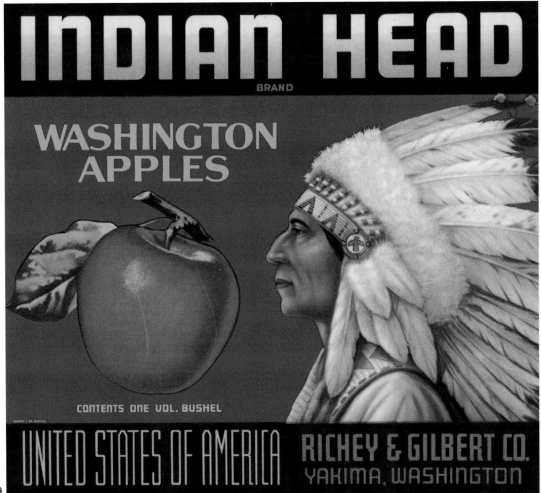

049

PLATE 13

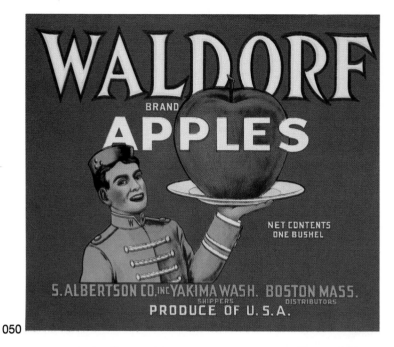

050

051

052

053

054

055

PLATE 14

056

057

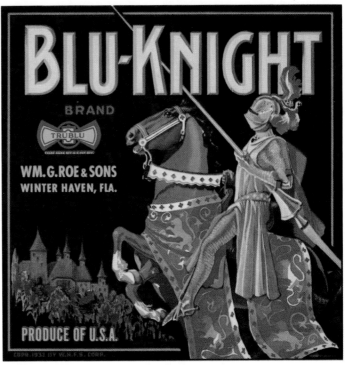

058

PLATE 15

059

060

061

062

063

064

PLATE 16

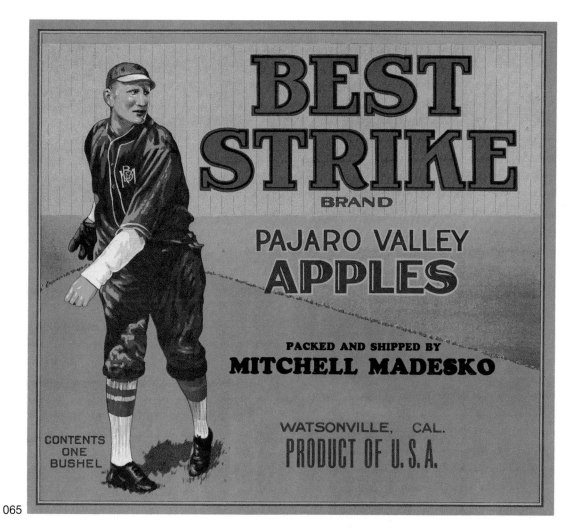

065

066

PLATE 17

067

068

069

070

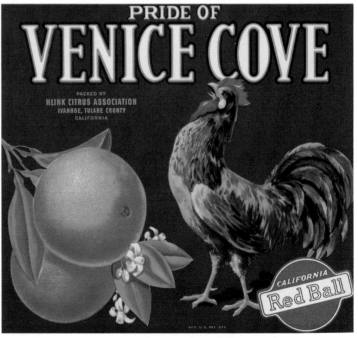

071

PLATE 18

072

073

PLATE 19

074

075

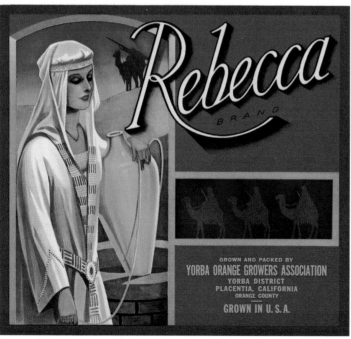

076

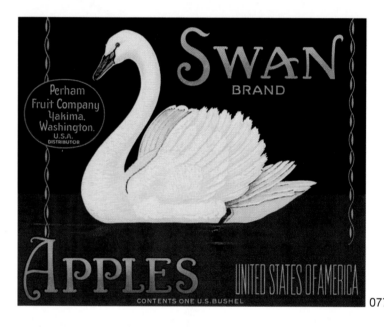

077

078

079

PLATE 20

080

081

PLATE 21

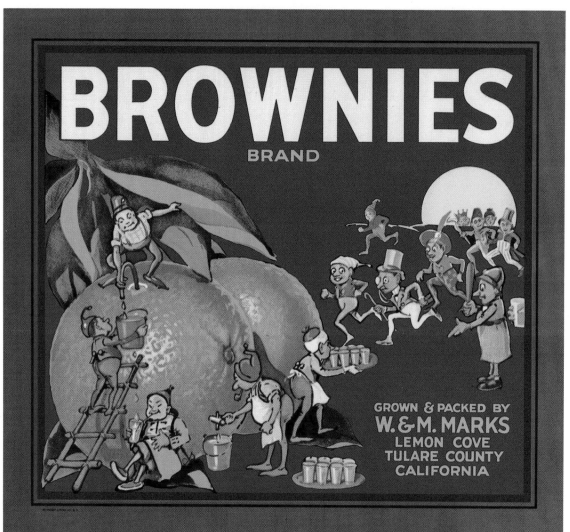

082

083

084

PLATE 22

085

086

PLATE 23

087

088

089

090

091

092

PLATE 24